Volkan Mollaahmetoglu

AF208678

Lichtblicke im Schatten:
Ein Kind gegen den Krebs

Bibliografische Information der Deutschen Nationalbibliothek: Die Deutsche Nationalbibliothek verzeichnet diese Publikation in der Deutschen Nationalbibliografie; detaillierte bibliografische Daten sind im Internet über dnb.dnb.de abrufbar.

Die automatisierte Analyse des Werkes, um daraus Informationen insbesondere über Muster, Trends und Korrelationen gemäß §44b UrhG („Text und Data Mining") zu gewinnen, ist untersagt.

Verlag: BoD · Books on Demand GmbH, Überseering 33, 22297 Hamburg, bod@bod.de

Druck: Libri Plureos GmbH, Friedensallee 273, 22763 Hamburg

ISBN: 978-3-8192-1221-5

Ich möchte meiner Familie, insbesondere meinen Eltern und Geschwistern, von Herzen danken – für all die Unterstützung, die Liebe und das Vertrauen, das ihr mir in dieser schweren Zeit geschenkt habt.

Ebenso danke ich jedem Arzt, jeder Krankenschwester, jedem Pfleger und dem gesamten Krankenhauspersonal. Für die vielen Überstunden, die ihr geleistet habt, und für die Momente, in denen ihr uns mit einem Lächeln im Gesicht Trost gespendet habt. Das Ihr mit uns gekämpft habt.

Ein großes Dankeschön gilt auch jedem einzelnen Menschen, der dieses Buch erworben hat und ein Teil meiner Geschichte geworden ist.

Unendliche Liebe sende ich euch allen!

Kapitel 1 – Der Moment, der alles veränderte

Mein Name ist Volkan. Ich war acht Jahre alt.
Ich habe einen großen Bruder und wuchs in
einer liebevollen Familie auf – mit Mama,
Papa und ganz normalen Alltagsritualen.
Ich war ein stinknormaler Junge, wie man so
sagt.
In der Woche war ich in der Schule und beim
Fußballtraining. Ich liebte es, vom Training
erschöpft nach Hause zu kommen und mich
einfach unter meine Decke zu kuscheln.
Das war mein kleines Glück: müde, zufrieden,
warm.

An den Wochenenden war Spieltag! Ich
erinnere mich noch genau daran, wie meine
Eltern am Spielfeldrand standen – mit Kaffee,
Kuchen und einer Thermoskanne in der Hand.
Sie feuerten mich an, ganz gleich, ob ich traf
oder daneben schoss.
Die Stimmung war freundlich, fast familiär.
Die Eltern kannten sich untereinander, lachten
zusammen, tauschten sich aus. Heute wirkt das
wie aus einer anderen Zeit – damals war es
definitiv herzlicher, echter, irgendwie näher.

Ich war quirlig, voller Energie und Träume. Fußball war mein Leben. Ich konnte mir nichts Besseres vorstellen, als auf dem Platz zu stehen, den Ball am Fuß zu haben und den Jubel der anderen zu hören. Vielleicht träumte ich sogar insgeheim davon, eines Tages Profi zu werden. Gonzales Raul war mein Held – schnell, genial und Eiskalt vor dem Tor. So einer wollte ich auch sein. In meiner Mannschaft gab es einen weiteren Jungen der Volkan hieß, deshalb nannte man mich Raul. Ich war ein sehr guter Stürmer und schoss viele Tore. Das wollte ich in der Schule ebenfalls beweisen.

Und dann kam das Sommerfest in der Schule.

Es begann wie ein ganz normaler Morgen – ein typischer Tag im Leben eines Achtjährigen. Wir spielten Fußball auf dem Schulhof, wie so oft. Ich war voller Energie, schnell und ehrgeizig. Meine Position: Stürmer. Ich schoss viele Tore. An diesem Tag spielten wir wild, frei und mit voller Begeisterung. Ich liebe den Sommer. Die Wärme, das Lachen auf dem Hof, das Fußballspielen – das passte einfach zusammen.

Wir machten uns keine Gedanken. Wir waren Kinder. Sorgenfrei, unverwundbar – dachten wir.

Dann kam der Moment, der alles veränderte.

Ein Klassenkamerad, Ilias, und ich sahen denselben Ball. Unsere Blicke trafen sich für einen Sekundenbruchteil – ein stilles Duell, wie unter echten Profis. Uns war die Ernsthaftigkeit dieses Moments klar. Es war kein Spiel mehr, sondern ein Wettkampf. Wir sprinteten gleichzeitig darauf zu. Beide voller Entschlossenheit.

Wir beide schossen – exakt im selben Moment. Der Ball prallte zwischen unseren Füßen. Ein sogenannter Prellball – zwei Füße, ein Ball, ein Knall.
Doch in meinem Fall war es mehr als ein Zusammenstoß: Es war der Augenblick, in dem sich mein Leben grundlegend veränderte.

Ein stechender, unerträglicher Schmerz durchzog mein linkes Bein. Ich schrie auf und warf mich zu Boden. Ich konnte nicht mehr auftreten – nicht einmal stehen.

Ich lag auf dem heißen Asphalt des Schulhofs, der nach Gummi, Sonnencreme und frischer Farbe roch. Über mir zogen weiße Wolken durch den blauen Himmel. Um mich herum

Stimmen, Schreie, Lachen – als wäre nichts passiert. Doch für mich stand plötzlich die Welt still.

Ich wünschte mir in diesem Moment nur, ich könnte einfach verschwinden.

Mein einziger Gedanke war: *Kann ich am Wochenende überhaupt für meinen Verein spielen?*

Vielleicht war es nur eine Verstauchung. Oder schlimmstenfalls ein Bruch – damit könnte ich leben. Etwas, das bald wieder heilen würde. Ich hatte keine Ahnung, was wirklich auf mich zukam.

Die Schmerzen wurden schlimmer. Und wie es sich ein Kind in so einem Moment nur wünschen kann, wollte ich einfach nur meine Eltern bei mir haben. Ich weinte hemmungslos – nicht aus Schwäche, sondern aus Schmerz, Angst und Sehnsucht.

Ilias holte sofort unsere Lehrerin. Sie kam angerannt, sah mich, sah mein Bein – und wusste sofort, dass es ernst war. Ein Lehrer kam hinzu, hob mich auf den Rücken und rief gleichzeitig meine Mutter an. Bei jedem seiner Schritte schoss ein neuer Schmerz durch mein Bein. Es war kaum auszuhalten.

Kurze Zeit später waren wir im nächstgelegenen Krankenhaus. Der Weg dorthin war wie ein Traum, in dem alles verschwimmt. Die Stimmen der Erwachsenen, das Piepen der Geräte – alles vermischte sich zu einem Rauschen.

Was als fröhlicher Sommertag begann, wurde zum ersten Schritt auf einem Weg, der mich in eine sehr dunkle und kalte Zeit führte.

So begann meine Geschichte.

Kapitel 2 – Diagnose: Ein Wort, das alles verändert

Ich lag auf der Untersuchungsliege. Die grellen Neonlichter über mir brannten sich in meine Augen, doch der Schmerz in meinem linken Bein war stärker als alles andere. Ein pochendes, stechendes Gefühl – als wollte mein Körper mir etwas mitteilen, das ich noch nicht verstand.

Die Ärzte wirkten ruhig. Zu ruhig. Sie sprachen leise miteinander, warfen sich ernste Blicke zu, während sie mein Bein untersuchten. Ich erinnere mich noch genau an das kalte Metall des Stethoskops, das Klacken der Geräte, das Summen der Röntgenmaschine. Und daran, wie meine Mutter neben mir saß und versuchte, stark zu bleiben. Sie lächelte tapfer, aber ihre Augen verrieten mehr als jedes Wort.

Ich war verwirrt. Ich dachte, es wäre ein Bruch. Vielleicht ein komplizierter, aber trotzdem ein Bruch. Kinder brechen sich doch ständig etwas, oder? Ich wollte einfach wieder zurück auf den Platz. Wieder Fußball spielen. Laufen. Rennen. Springen.

Mein Bein wurde eingegipst, und wir sollten am nächsten Tag zum MRT kommen. Es war ein anstrengender Tag, und mein Vater holte uns später vom Krankenhaus ab. Er versuchte, die Stimmung zu heben, machte sogar ein paar Witze – doch sein Lächeln wirkte gezwungen. Ich spürte es, auch wenn ich es nicht benennen konnte.

Zuhause wurde ich wie ein König verwöhnt. Es war das erste Mal, dass ich Krücken bekam – ein seltsames Gefühl. Als würde ich plötzlich langsamer durchs Leben gehen müssen. Alles war schwerfälliger, jedes Zimmer weiter entfernt, jeder Schritt eine Herausforderung.

Am nächsten Morgen fuhren meine Mutter und ich erneut ins Krankenhaus. Die Untersuchungen gingen weiter. Ich werde es wahrscheinlich öfter in diesem Buch sagen: Ich hasste den Geruch von Desinfektionsmitteln. Dieser typische Krankenhausgeruch – steril, scharf, fremd – jagte mir schon als Kind eine Gänsehaut über den Rücken.

Dann kam das MRT. Ich lag in dieser engen, lauten Röhre, unbeweglich, mit Kopfhörern auf den Ohren. Die monotonen Klopfgeräusche klangen wie ein fremder

Herzschlag. Ich fühlte mich ausgeliefert, wie ein Spielzeug in einer riesigen Maschine. Meine Mutter saß im Wartebereich, nur ein paar Meter entfernt – aber es fühlte sich an, als wäre sie in einer anderen Welt.

Und danach: Warten. Lange warten. Minuten, die sich wie Stunden anfühlten. Ich starrte die Wand an, zählte Fliesen, versuchte mich abzulenken. Doch irgendetwas in der Luft war anders. Dicker. Schwerer.

Schließlich betrat der Arzt das Zimmer. Die Luft wurde plötzlich schwer. Sein Blick war ernst, seine Stimme leise.

Er sprach mit gedämpfter Stimme, beugte sich zu meiner Mutter – und sagte das Wort, das sich für immer in mein Gedächtnis brennen sollte:

„Krebs."

Ich verstand nicht wirklich, was das bedeutete – aber ich spürte, wie etwas in mir zerbrach. Dieses Wort gehörte nicht zu Kindern. Nicht zu mir. Ich kannte das nur aus dem Fernsehen, von alten Leuten. Von Leuten, die krank aussahen. Ich war doch noch ein Kind. Ich wollte spielen, leben, lachen. Was hatte ich mit so etwas zu tun?

Meine Mutter erstarrte. Ihr Blick wurde leer, wie eingefroren. Tränen schossen ihr in die Augen, aber sie blinzelte sie weg. Sie wollte stark sein – für mich.

Und in diesem Moment wusste ich: Mein Leben war nicht nur aus dem Spiel gefallen. Es war komplett aus der Bahn geraten.

Ich muss zugeben: Ich hatte absolut keine Ahnung, was gerade passierte. Ich wusste nur, dass etwas Großes, Unbekanntes, Beängstigendes begonnen hatte. Etwas, das nicht nach ein paar Tagen Pause verschwinden würde.

Als mein Vater uns später abholte – und weinte –, wurde mir zum ersten Mal klar, dass etwas wirklich nicht stimmte. Ich hatte noch nie zuvor gesehen, wie mein Vater weinte. Seine Tränen trafen mich mehr als jedes Wort.

Was passiert jetzt?

Darf ich bald wieder Fußball spielen?

Das waren die Fragen, die mich damals wirklich beschäftigten. Ich dachte in Spielen, in Wochenenden, in nächsten Trainingseinheiten – nicht in Operationen, Chemotherapie oder Krankenhausaufenthalten.

Heute frage ich mich, wie viel Kraft eine Mutter und ein Vater haben müssen, um so etwas auszuhalten. Diese Angst. Diese Verzweiflung. Und dennoch stark zu bleiben – für ihr Kind.

Ich bin unglaublich dankbar, dass ich genau diese Eltern habe.

Nicht die Krücken waren meine Stütze in dieser Zeit – sondern sie.

Kapitel 3 – Der erste Krankenhausaufenthalt

Die Tage nach der Diagnose fühlten sich an wie ein Schleudergang. Ich wurde von einer Untersuchung zur nächsten geschoben, von einem Arzt zum anderen. Alles ging plötzlich sehr schnell – und gleichzeitig schien die Zeit stillzustehen.

Meine Mutter rief ein Taxi, das uns zur Uniklinik bringen sollte. Schon zu Hause begann ich zu weinen. Ich wollte lieber Fußball spielen oder zur Schule gehen – aber ganz sicher nicht ins Krankenhaus.

Unsere Nachbarin Iris kam noch kurz vorbei, um meine Mutter zu unterstützen. Sie versuchte, beruhigend auf mich einzuwirken. Meine Mutter war überfordert. Sie wusste, wie wichtig dieser Termin war – ich dagegen lebte noch in meiner kindlichen Traumwelt und hatte keine Vorstellung davon, was da auf mich zukam.

In der Uniklinik Düsseldorf angekommen, stach mir sofort ein Kicker ins Auge. Ich wollte direkt losspielen – aber durfte nicht.

Wir mussten uns erst anmelden. Mein Name, mein Geburtsdatum, meine Krankenkasse – plötzlich klangen diese Fragen wie etwas, das zu einem Erwachsenen gehörte, nicht zu einem Kind wie mir.

Dann begannen die ersten Untersuchungen: Blutabnahmen, das stechende Gefühl der Nadeln, das unaufhörliche Piepen der Monitore. Ich erinnere mich an die Krankenschwestern, die freundlich wirkten, aber oft gehetzt waren. Und an meine Eltern – immer an meiner Seite, auch wenn ich spürte, wie schwer ihnen das alles fiel.

Vor allem die Stimmung in der Ambulanz war unbeschreiblich. Einerseits hast du Kinder, die mit den Kräften am Ende sind, aber noch versuchen, sich am Leben festzuhalten. Andererseits hast du Eltern, die alles geben, um ihre Kinder zu retten, und dabei selbst am Zerbrechen sind. Zwischen Hoffen und Bangen. Zwischen Liebe und Verzweiflung.

Ich sah zum ersten Mal Kinder, die keine Haare mehr hatten. Manche saßen im Rollstuhl, andere trugen Infusionsständer mit sich wie einen ständigen Schatten. Ich fragte mich: *Bin ich jetzt einer von ihnen?*

Nach den Untersuchungen war klar: Es musste eine Probe des Tumors entnommen werden –

eine Biopsie. Auch die würde in der Uniklinik stattfinden. Ob es ein paar Tage später war oder eine Woche, weiß ich nicht mehr. Mein Zeitgefühl ging in dieser Phase verloren.

Dann kam der Tag der Operation. Wir fuhren zur orthopädischen Station der Klinik. Alles war weiß, kalt, funktional. Mein Zimmer war klein. Neben mir lagen andere Kinder – manche jünger, manche älter. Einige lachten, andere weinten, viele waren still. Uns verband eines: Unsere Körper hatten uns im Stich gelassen – jeder auf seine Weise.

Es war meine erste Operation – und sie war furchtbar unangenehm.

Am Abend davor durfte ich nichts mehr essen oder trinken. Und dann dieser kalte, unangenehme OP-Kittel, den man tragen muss. Mir war kalt. Ich fühlte mich bloßgestellt und fremdbestimmt. Vom Fußballplatz auf den OP-Tisch. Das hatte ich mir anders vorgestellt.

Die Biopsie verlief „erfolgreich", sagte man mir später. Aber für mich war es der Einstieg in eine Welt, die mir völlig fremd war: ein Dasein aus Warten, Hoffen, medizinischen Fachbegriffen und der ständigen Angst, was als Nächstes kommt.

Statt Fußballtraining lernte ich neue Begriffe:
Biopsie, Chemotherapie, Knochentumor.
Worte, die ich nie hätte kennen sollen. Worte,
die nun mein Leben bestimmten.

Es war der Beginn eines langen Weges –
voller Angst, Unsicherheit, Schmerz.

Aber auch der Beginn eines Kampfes.

Und der Hoffnung.

Nach der Biopsie stand die Diagnose fest: Ein
bösartiger Knochentumor.

Ein Wort, das endgültig alles veränderte. Kein
„Vielleicht", kein „Wir müssen noch mal
schauen". Es war ernst. Lebensbedrohlich.
Und ich mittendrin – acht Jahre alt und voller
Fragen, die mir niemand wirklich beantworten
konnte.

Kurz darauf wurde ich auf die K4-Station der
Uniklinik Düsseldorf verlegt – die
onkologische Kinderstation. Dort begann
meine erste Chemotherapie.

Ein neues Kapitel, ein neues Umfeld, neue
Gesichter. Und doch wurde dieser Ort für viele
Wochen mein zweites Zuhause – ob ich wollte
oder nicht.

Kapitel 4 – K4: Mein Leben zwischen Hoffnung und Nebenwirkungen

Nach der Biopsie gab es keine Zweifel mehr. Die Diagnose stand fest: ein bösartiger Tumor im linken Oberschenkelknochen.

Keine Spekulationen mehr. Keine Hoffnungen auf eine harmlose Erklärung. Nur noch dieser eine, brutale Begriff – klar, scharf, erbarmungslos.

Krebs.

Kurz darauf wurde ich auf die K4-Station der Uniklinik Düsseldorf verlegt – die Kinderonkologie. Hier sollte mein Kampf beginnen.

Ich war acht Jahre alt. Klein, ängstlich und vollkommen überfordert mit dem, was da auf mich zukam. Was ich noch nicht wusste: Die K4 würde für lange Zeit mein neues Zuhause werden. Mein Rückzugsort. Mein Schlachtfeld. Und vor allem: Meine Schule fürs Überleben.

Der erste Eindruck

Die Station wirkte auf den ersten Blick freundlich. Bunte Wände, kindgerechte Fensterbilder, lächelnde Pflegekräfte. Fast wie ein Ort, an dem man gesund werden könnte. Doch hinter diesen Farben lauerte eine ganz andere Welt – eine Welt aus Schmerz, Tränen, Verlust und unvorstellbarer Tapferkeit.

Ich erinnere mich noch genau an meine ersten Schritte auf der Station. Ich konnte wieder ohne Krücken gehen, was mir ein kleines Stück Normalität zurückgab. Für einen Moment fühlte sich alles fast okay an.

Doch dieser Moment war kurz.

Als ich die anderen Kinder sah, traf mich die Realität mit voller Wucht. Alle hatten Glatzen. Ihre Gesichter waren fahl, ihre Augen tief und leer. Sie wirkten, als hätte der Krebs ihnen jede Lebensenergie ausgesaugt.

Ich bekam Angst. Große Angst.

Werde ich bald auch so aussehen? So schwach sein? So leer?

Es war das erste Mal, dass ich den Krebs nicht nur in mir fühlte – sondern sah, was er mit anderen machte. Ich war nicht allein, aber das machte es nicht leichter. Im Gegenteil: Es zeigte mir, wie real das alles war.

Der Beginn der Chemotherapie

Nicht lange danach begann meine erste Chemotherapie. Ich hatte keine genaue Vorstellung davon, was auf mich zukam. Ich wusste nur: Das hier soll mich retten.

Doch die ersten Tage zeigten mir schnell, wie hoch der Preis für diese Rettung war.

Zuerst fielen mir vereinzelt Haare aus. Ich versuchte, es zu ignorieren. Aber dann kam der Morgen, an dem mein Kopfkissen voller Haare war.

Es war ein Schock.

Haare – etwas so Selbstverständliches – waren plötzlich nicht mehr da. Und mit jedem verlorenen Büschel verschwand auch ein Teil von mir.

Ich vermisste mein altes Spiegelbild. Das Kind mit den wirren, schwarzen Haaren, das wild lachte und voller Energie war. Stattdessen schaute mir ein blasser, müder Junge entgegen. Ich erkannte mich kaum wieder.

Die Nebenwirkungen ließen nicht lange auf sich warten. Übelkeit, Appetitlosigkeit,

Geruchsempfindlichkeit. Ich konnte kaum etwas essen, kaum schlafen. Mein Körper fühlte sich an, als würde er gegen sich selbst kämpfen – und ich war machtlos.

Manchmal war ich so schwach, dass ich nicht einmal mehr sprechen wollte. Ich wollte einfach nur, dass es aufhört.

Die Kraft meiner Eltern

Was mir in dieser Zeit am meisten Halt gab, war die Nähe meiner Eltern.

Abends konnte ich nur schlafen, wenn mein Vater da war. Oft saß er stundenlang auf einem unbequemen Klappstuhl neben meinem Bett, hielt meine Hand, summte mir etwas vor oder erzählte Geschichten.

Er war mein Anker in einem Meer aus Angst, Übelkeit und Schmerz.

Meine Mutter übernahm alles Organisatorische. Sie sprach mit den Ärzten, plante die nächsten Schritte, organisierte die vielen Untersuchungen. Und sie war tagsüber immer an meiner Seite – mit einem Lächeln im Gesicht, das stark wirkte, aber ich weiß heute: Sie war innerlich genauso zerbrochen wie ich.

Sie durften nicht schwach sein – nicht vor mir.
Aber ich habe es gespürt. Und ich habe ihre
Liebe gespürt. Jeden Tag.

Die schwere Entscheidung

Die Frage stand im Raum: Wo sollte der
Tumor entfernt werden?

Zur Wahl standen Münster und München –
zwei renommierte Kliniken mit
unterschiedlichen Schwerpunkten.

In Münster war ich mit meiner Mutter,
meinem Onkel, meiner Tante und einem
Freund von ihr, Stefan. Die Uniklinik war
riesig, die Tage voller Untersuchungen,
Gespräche, Eindrücke. Ich war zu jung, um all
das wirklich zu begreifen. Die Entscheidung
lag bei meinen Eltern – und ich war froh, sie
nicht treffen zu müssen.

Wenig später ging es nach München. Dieses
Mal mit meinen Eltern und einem
Arbeitskollegen meines Vaters, Nurettin. Es
war Winter, überall lag Schnee. Die
Atmosphäre war ruhig, fast friedlich. Dort
trafen wir Dr. Baumgart – ein Name, der
später noch eine große Rolle spielen würde.
Auch in München wurden alle Unterlagen
geprüft, Gespräche geführt, Optionen
besprochen.

Am Ende entschieden sich meine Eltern – auf ärztlichen Rat hin – für Münster. Damals führend auf dem Gebiet der Tumororthopädie.

Und so kehrten wir zurück zur K4 – dem Ort, an dem ich mich inzwischen auskannte, den ich hasste und gleichzeitig brauchte.

Der Countdown

Die Zeit verging seltsam. Einerseits zog sich jeder Tag wie Kaugummi – voller Schmerzen, Infusionen und Übelkeit. Andererseits raste sie, weil ein Datum immer näher rückte:

Der 13. Januar 2004.

Der Tag der großen Operation.

Der Tag, an dem der Tumor entfernt werden sollte.

Ich hatte Angst. Tiefe, lähmende Angst. Vor dem Eingriff. Vor dem Aufwachen. Vor dem, was danach sein würde – oder nicht mehr sein würde.

Aber eines wusste ich:

Ich musste da durch.

Ich war acht Jahre alt.
Und ich wollte leben.

Kapitel 5 – Zwischen Erhalt und Verlust: Die Frage nach meinem Bein

Noch während die Chemotherapie lief, stand eine weitere Entscheidung bevor – eine, die alles verändern sollte.
Nicht nur mein Leben. Sondern auch meinen Körper.

Die Frage, die plötzlich über allem stand:
Kann mein Bein gerettet werden – oder muss es amputiert werden?

Ich war acht Jahre alt und konnte diese Worte kaum begreifen.
Amputation. Das klang wie ein Urteil. Wie ein Ende.
Wie sollte ich damit leben? Wie sollte ich jemals wieder laufen, rennen, Kind sein?

Die Ärzte sprachen offen mit meinen Eltern.
Sie erklärten die Optionen. Der Tumor saß tief im Oberschenkelknochen, gefährlich nah an wichtigen Strukturen. Eine vollständige

Entfernung war möglich – aber nicht garantiert ohne Folgen.
Und wenn der Tumor zu nah am Gelenk war, blieb nur ein Weg: **Das Bein entfernen.**

Meine Eltern wollten die bestmögliche Lösung. Also gingen wir zu einem Beratungstermin, der bis heute in meinem Gedächtnis eingebrannt ist.
Dort stellte man uns einen Mann vor – freundlich, ruhig, vielleicht Mitte zwanzig. Er hatte als Kind das Gleiche durchgemacht wie ich.

Sein Bein war amputiert worden. Aber nicht einfach „weg".
Die Ärzte hatten bei ihm eine sogenannte Rotationplastik durchgeführt.

Was das bedeutete, wusste ich nicht. Bis er seine Hose hochkrempelte.

Ich sah einen Unterschenkel, der dort begann, wo normalerweise der Oberschenkel endet.
Und dann – der Schock – ein **Fuß, der verkehrt herum** angeschlossen war.
Die Ferse zeigte nach vorne, die Zehen nach hinten.

Die Tür ging auf, und da stand er. Vielleicht Mitte zwanzig, mit einem ruhigen Blick, der irgendwie mehr sagte als tausend Worte. Er lächelte, als er hereinkam, setzte sich langsam auf den Stuhl neben mir. Ich sah sofort: Irgendetwas an ihm war anders. Seine Hose war leicht verdreht, das Hosenbein komisch gefaltet – als wäre es falsch herum.

Ich erstarrte. Es war, als hätte jemand ein Bild zerschnitten und falsch wieder zusammengeklebt. Mein Magen drehte sich um. Ich wollte wegsehen – aber ich konnte nicht. Es war grausam und faszinierend zugleich.

Er sprach ruhig. Er sagte, dass er wieder laufen könne. Dass er Sport mache. Dass er ein normales Leben führe. Aber alles, was ich sah, war dieses Bein. Dieser fremde, verdrehte Teil eines Menschen. Ich wollte schreien. Ich wollte sagen: „Das will ich nicht! Das bin nicht ich!"

Ich blickte zu meiner Mutter, die mit roten Augen auf dem Stuhl saß. Mein Vater stand am Fenster, den Blick starr nach draußen gerichtet. Ich wusste: Sie wollten, dass ich stark bin. Dass ich kämpfe. Aber ich war acht Jahre alt. Ich wollte einfach nur ein Kind sein.

In dieser Nacht lag ich lange wach. Ich stellte mir vor, wie ich mit einem verdrehten Bein zur Schule ging. Wie die anderen Kinder gucken würden. Ich stellte mir vor, wie es wäre, gar kein Bein mehr zu haben.

Zum ersten Mal in meinem Leben verstand ich, was es bedeutet, Entscheidungen zu treffen, die man nicht treffen will. Und dass **Erwachsenwerden manchmal viel zu früh beginnt.**

Ich starrte. Ich verstand es nicht.
Dann erklärte man mir:
Bei der Rotationplastik wird das Bein oberhalb des Tumors amputiert. Der untere Teil – inklusive des gesunden Fußes – wird gedreht und wieder am Oberschenkelknochen befestigt.
So kann der Fuß später in eine Prothese gesetzt werden und als Kniegelenk dienen.

Medizinisch genial.
Optisch surreal.
Für mich – als Kind – einfach nur beängstigend.

Ich fragte mich: **Werde ich auch so aussehen? Werde ich so gehen? Wird das mein Leben?**

Meine Eltern waren erschüttert. Sie versuchten, ruhig zu bleiben, aber ich spürte, wie tief dieser Moment sie traf.
Es war keine Entscheidung zwischen gut und schlecht – sondern zwischen zwei schlimmen Wegen.
Zwischen einem Leben mit Amputation. Oder einem Leben mit ungewissem Ausgang.
Der Termin dauerte für mich nicht lange. Ich hab nach wenigen Sekunden angefangen zu weinen und bin rausgelaufen.

Nach langen Gesprächen, vielen Untersuchungen und intensiven Diskussionen entschieden sich meine Eltern – nach ärztlichem Rat – **für eine Operation zur Erhaltung des Beins.**
In **Münster**, bei einem der besten Teams auf diesem Gebiet.

Es war ein Wagnis.
Ein Hoffen.
Ein letzter Versuch, meinem Bein und mir eine Zukunft zu geben.

Der Termin rückte näher. Und mit ihm die Angst. Die Unsicherheit.
Aber auch ein kleiner Funke Hoffnung: Vielleicht würde alles gut.

Ich hatte zwei Wege vor mir.
Der eine führte ins Dunkle, wo mein Bein weg
war.
Der andere ins Helle – aber dort war alles
unsicher.
Ich wollte zurück auf meinen alten Weg.
Aber den hatte der Krebs mir gestohlen.

Kapitel 6 – Die Nacht, die alles änderte

Es gibt Nächte, die sich in dein Herz einbrennen. Nicht, weil sie perfekt waren – sondern weil sie mitten im Chaos ein kleines Stück Himmel geöffnet haben.

Silvester. Ein Abend, der eigentlich für Hoffnung, Freude und einen Neuanfang steht. Für mich war es ein Tag voller Warten, Schwäche und Schmerz. Noch knapp drei Wochen bis zur großen Operation in Münster, die alles verändern sollte. Mein Körper war ausgelaugt von der Chemotherapie, mein Wille geschwächt. Ich wollte nur eins: nach Hause. Nur für ein Wochenende. Nur für ein paar Stunden Normalität. Doch das Leben hatte andere Pläne.

Wir warteten auf die Blutergebnisse. Es war gegen 16 Uhr, ich hatte mich übergeben, mein Kreislauf lag am Boden – und dann kam die Nachricht: Ich durfte nicht gehen. Mein Herz zerbrach in diesem Moment, und ich tat das, was ich in dieser Zeit oft tat: Ich weinte. Mama und Papa waren bei mir, hielten meine

Hand, aber selbst sie konnten den Schmerz nicht auffangen.

Wenn ich heute an diesen Tag zurückdenke, frage ich mich oft, wie mein großer Bruder diese Zeit erlebt hat. Er war nicht krank – aber auch er hat gelitten. Im Schatten meines Kampfes. Ich frage mich, welche stillen Wunden er getragen hat, weil Mama und Papa fast nur bei mir waren. Jeder von uns trug sein eigenes Päckchen. Damals sah ich nur meins.

Doch diese eine Silvesternacht, sie sollte anders enden, als sie begann. Aus dem Schmerz wuchs etwas Unerwartetes. Etwas, das bis heute in mir leuchtet.

Ich war traurig und benebelt zugleich. Mein Körper war schwach, mein Geist müde, und ich hatte einfach keine Kraft mehr, um zu kämpfen. Ich schloss die Augen, vielleicht um dem Moment zu entfliehen, vielleicht, weil ich hoffte, beim Aufwachen wäre alles nur ein schlechter Traum gewesen.

Doch stattdessen kam Mitternacht immer näher. Draußen begannen die ersten leisen Knaller, irgendwo im Hintergrund hörte man Böller, als wäre das Leben da draußen weitergezogen – ohne mich. Mama und Papa

sahen mich an, fragten sanft: „Willst du
runtergehen?" Ich nickte. Ein bisschen frische
Luft. Ein bisschen Ablenkung. Mehr erwartete
ich nicht.

Unten, im Hof des Krankenhauses, hatten sich
ein paar Familien versammelt – alles Patienten
wie ich, mit Eltern an ihrer Seite, manche mit
Infusionsständern, andere in Rollstühlen. Es
war kalt, aber die frische Luft fühlte sich
lebendig an. Mit einer Glatze spürt man den
Wind viel direkter, fast wie ein Streicheln. Es
war ein seltsames Gefühl – so verletzlich und
gleichzeitig so wach.

Noch fünf Minuten bis Mitternacht. Ich stand
da, halb eingepackt in eine Decke, halb in
Gedanken versunken. Plötzlich sah ich im
Augenwinkel ein Auto, das mir bekannt
vorkam. Ich schenkte ihm kaum Beachtung.
Mein Kopf war zu schwer, mein Herz zu leer.
Doch dann – ein Geräusch, eine Bewegung,
und mein Blick wanderte nach rechts.

Da standen sie.

Mein großer Bruder. Meine Tanten. Meine
Onkel. Cousins. Cousinen. Eine ganze Wand
aus Liebe. Sie waren gekommen, um mich zu
überraschen. Um mir zu zeigen: Wenn du
heute nicht nach Hause darfst, dann bringen
wir dir ein Stück Zuhause hierher.

Ich war sprachlos. Ein Kloß steckte in meinem Hals. Meine Beine zitterten, und für einen Moment hatte ich vergessen, dass ich krank war. Ich fühlte mich getragen, nicht mehr allein. Es war, als hätte jemand die Dunkelheit für einen Augenblick durchbrochen und ein Licht auf mich gerichtet – genau da, wo ich es am meisten gebraucht hatte.

Meine Eltern standen neben mir. Ich sah ihre Gesichter – Mama mit feuchten Augen, Papa, der versuchte stark zu bleiben. Ich glaube, sie wussten von nichts. Auch für sie war das eine kleine Rettung. Ein Zeichen: *Ihr müsst das nicht alles allein tragen.*

Wir feierten zusammen ins neue Jahr, mitten vor dem Krankenhaus, mit ein paar Knallern, viel Lachen und noch mehr Umarmungen. Es war vielleicht nur eine Viertelstunde, zwanzig Minuten – aber es fühlte sich an wie eine Ewigkeit.

Und in dieser Nacht, umgeben von meiner Familie, habe ich verstanden: Auch wenn man gerade fällt, kann man aufgefangen werden. Vielleicht nicht vom Leben selbst – aber von den Menschen, die einen lieben.

Heute, wenn ich an diese Silvesternacht zurückdenke, erfüllt mich eine seltsame Mischung aus Traurigkeit und Dankbarkeit. Es war eine Nacht, die nicht schön begann – ich fühlte mich elend, geschwächt, vom Leben zurückgelassen. Aber sie wurde zu einer der kraftvollsten Erinnerungen meiner Kindheit.

Es ging in diesem Moment nicht um Feuerwerk, nicht um Party oder um den Jahreswechsel. Es ging um etwas viel Tieferes. Um das Gefühl, nicht vergessen zu sein. Um das Wissen, dass man geliebt wird, auch wenn man selbst nichts mehr geben kann. Meine Familie hat an diesem Abend etwas getan, das mehr heilte als jede Infusion oder jedes Medikament: Sie hat mir Hoffnung geschenkt.

Ich habe gelernt, dass es manchmal gar nicht darum geht, einen Menschen zu „retten". Es reicht, da zu sein. Den Raum mit Liebe zu füllen. Zu zeigen: *Du bist nicht allein.*

Ich denke auch oft an meinen Bruder. Wie stark er gewesen sein muss, obwohl es niemand so richtig gesehen hat. Er hat vieles geschluckt, zurückgesteckt, ohne je laut zu klagen. Ich hoffe, er weiß, dass ich das heute sehe. Dass ich ihn nicht vergessen habe in meiner Geschichte.

Diese zwanzig Minuten draußen im Krankenhaushof haben mir für einen kurzen Moment das Gefühl gegeben, wieder ein Kind zu sein – nicht nur ein Patient. Sie haben mich daran erinnert, wie viel Licht in der Dunkelheit stecken kann, wenn man nur hinsieht.

Und so trage ich diesen Moment bis heute in mir. Wie ein kleines Feuerwerk, das nie ganz erlischt. Es erinnert mich daran, dass Familie nicht immer alles lösen kann, aber dass sie oft genau das ist, was dich durch die schlimmste Zeit trägt.

Für diesen Abend, für diese Menschen, für dieses Gefühl – werde ich für immer dankbar sein.

Kapitel 7 – Der Tag, der alles veränderte

Der 19. Januar 2004 begann wie viele andere Tage im Krankenhaus – mit Anspannung, Unsicherheit und dem ständigen Gefühl, dass etwas Großes bevorsteht. Was ich damals nicht wusste: Es war mein letzter Tag ohne Krücken. Der letzte Tag, an dem ich mein Bein noch so hatte, wie ich es kannte. Der letzte Tag in einem Körper, der zwar krank, aber noch vollständig war. Und doch war ich an diesem Morgen ungewöhnlich fit. Vielleicht war es die Aufregung, vielleicht auch nur ein glücklicher Zufall. Ich lag in meinem Krankenhausbett, Gameboy in der Hand, wie fast immer in dieser Zeit. Pokémon war mein ständiger Begleiter – ein kleiner Held in einer fremden Welt, der kämpfen musste, um stärker zu werden. Irgendwie passte das zu mir.

Mama und Papa waren an meiner Seite, wie immer. Leise, aufmerksam, besorgt. Die Schwestern und Ärzte kamen rein, machten ihre Checks, bereiteten alles für die OP vor. Ich spürte die Nervosität im Raum, aber ich blendete sie aus. Ich hatte meinen Gameboy.

Meine Welt war klein, bunt und kontrollierbar – ganz im Gegensatz zur Realität.

Dann ging die Tür auf – und wie aus dem Nichts stürmte meine Tante mit dem Rest der Familie herein. Ein Moment wie an Silvester. Wieder einmal waren sie alle da, um mir Kraft zu geben. Meine Cousine Meral drückte mir zwei neue Gameboy-Spiele in die Hand – und mein erster Gedanke war nicht etwa Angst oder Panik. Nein. Ich wollte nur eines: schnell die OP hinter mich bringen, um die neuen Spiele zu zocken. So einfach war das in meinem kindlichen Kopf. So kraftvoll konnte ein kleiner Junge gegen einen riesigen Tumor denken.

Als ich später darüber nachdachte, wurde mir klar, wie schwer dieser Tag für alle anderen gewesen sein musste. Für meine Eltern, die ihr Kind in eine der schwersten Operationen ihres Lebens begleiten mussten. Für meinen Bruder, der zwar körperlich gesund war, aber im Schatten der Krankheit aufwuchs.

Als Kind trägt man den Schmerz anders. Man fühlt ihn, aber man versteht ihn nicht in voller Tiefe.
Doch Erwachsene… sie tragen nicht nur den Schmerz, sondern auch die Angst, die Ohnmacht, das Wissen.

Ich wurde benebelt, körperlich und seelisch.
Dann ging es Richtung OP-Saal. Und ich
wusste: Jetzt wird sich etwas ändern. Für
immer.
Und die Augen gingen zu...

Kapitel 8 – Das Erwachen

Ich öffnete die Augen – mein Bein brannte.
Ein stechender Schmerz durchzuckte meinen
Körper. 72 Tackerklammern hielten die
Wunde zusammen, zwei Schläuche ragten aus
dem Fleisch, und mein Bein war
auseinandergenommen und wieder
zusammengesetzt worden. Ich brauchte einige
Zeit, um zu begreifen, wo ich war – und was
überhaupt passiert war.

Meine Eltern erzählen mir bis heute, wie
seltsam ich nach der Narkose war – völlig
benebelt, aber offenbar ziemlich witzig. Es tat
gut zu wissen, dass ich ihnen inmitten all der
Sorgen wenigstens ein paar Momente zum
Lachen schenken konnte.

Die Operation war gut verlaufen. Der Tumor
war entfernt, die Prothese eingesetzt. Von
meinem linken Bein war allerdings kaum noch
etwas übrig. Vielleicht sieben, acht Zentimeter
eigenen Knochens – drei, vier im Schienbein,
ebenso im Oberschenkel. Wir waren dankbar,
dass der Eingriff geschafft war, doch wir
wussten auch: Die Chemotherapie war damit

nicht vorbei. Der nächste Kampf wartete bereits.

Meine Mutter übernachtete bei mir in Münster. Sie wich nicht von meiner Seite. Doch schon bald bemerkte sie, dass sich an meiner Ferse und am Knie Flüssigkeit sammelte. Sie informierte sofort das Pflegepersonal und die Ärzte – doch die winkten ab. Alles sei normal, hieß es.

Aber meine Mutter hatte recht. Es waren Blutergüsse – und damit begannen neue Komplikationen. Als hätte ich nicht schon genug durchgemacht. Ich war erschöpft, frustriert – innerlich leer. Rückblickend kann ich sagen: In Münster habe ich leider fast nur schlechte Erfahrungen gemacht. Ich wünschte, wir hätten uns für eine OP in München entschieden. Aber im Nachhinein ist man immer klüger.

Kurze Zeit später stand fest: Ich musste erneut operiert werden. Die Blutergüsse mussten entfernt werden. Es war ein schwerer Rückschlag – körperlich wie seelisch. Und doch blieb mir nichts anderes übrig, als auch diesen Weg zu gehen.

Die Nachricht traf mich wie ein Schlag. Ich war noch völlig geschwächt, der erste Eingriff lag keine zwei Tage zurück, mein Bein war geschwollen, die Schmerzen kaum auszuhalten. Ich war traurig, wütend, leer. Alles, was ich wollte, war endlich aufatmen. Stattdessen: zurück in den OP.

Ich erinnere mich genau an das Gefühl, als ich im Bett lag, eingepackt in Laken, die sich plötzlich viel zu schwer anfühlten. Mama saß neben mir und versuchte stark zu bleiben – doch ich spürte ihre Angst. Es war diese beklemmende Stille im Raum. Die Art von Stille, in der jeder weiß, dass es gerade nicht gut läuft – aber keiner es ausspricht.

Mit dem Krankenwagen ging es zurück zur Uniklinik Düsseldorf. Die vertrauten Ärztinnen und Schwestern taten mir gut. Komischerweise fühlte ich mich dort wieder wie zu Hause.

Die zweite OP verlief zum Glück ohne Komplikationen. Die Blutergüsse wurden entfernt. Doch mein Bein war nun noch empfindlicher, noch geschwächter. Und vor allem: Mein Vertrauen war erschüttert – in die Ärztinnen und Ärzte in Münster. Ich fühlte mich nicht ernst genommen. Es war meine Mutter, die die Warnzeichen gesehen hatte. Nicht die, die dafür ausgebildet waren.

Trotz all dieser Rückschläge gab es eine Konstante, die mich getragen hat: meine

Familie. Es war alles andere als selbstverständlich, dass meine Mutter Tag und Nacht bei mir blieb, obwohl sie selbst körperlich und emotional am Limit war. Oder dass mein Vater regelmäßig zwischen Krankenhaus, Arbeit und Zuhause pendelte. Mein Bruder, meine Verwandten – alle gaben ihr Bestes, um mich zu stützen. Und manchmal war es einfach nur ein gemeinsames Lachen, das mir für einen Moment die Schmerzen nahm.

Ich habe in dieser Zeit verstanden: Liebe bedeutet nicht nur, füreinander da zu sein. Liebe heißt auch, füreinander zu kämpfen – selbst, wenn man nicht weiß, ob es besser wird.

Aber eines konnte selbst meine Familie nicht beeinflussen: die nächsten Komplikationen. Die Blutergüsse waren entfernt – doch am Knie wuchs die Haut nicht nach. Der nächste Rückschlag.

Kapitel 9 – Neue Haut, alte Wunden

Die Haut wuchs nicht nach.

Wir führten wieder unzählige Gespräche mit den Ärzten. Viele Meinungen, viele Sorgen. Doch schon bald war klar: Es blieb keine andere Wahl. Man musste Haut von meinem rechten Bein entnehmen und auf die offene Stelle am linken Knie transplantieren. Eine weitere Operation. Wieder Schmerzen. Wieder der Blick nach vorn – auf der Suche nach Hoffnung.

Die Tage im Krankenhaus vergingen diesmal schneller. Vielleicht, weil der Tumor endlich weg war. Und doch stellte ich mir immer wieder die gleiche Frage: *Wie lange noch?*

Wir entschieden uns recht zügig für die OP. Zu groß war das Risiko, dass sich das offene Bein mit Bakterien infizieren könnte. Warten bedeutete Gefahr. Also ging es wieder los.

Vorher jedoch mussten noch die **72 Tacker** entfernt werden. Ich werde diesen Tag **niemals** vergessen. Nicht, weil es besonders laut oder dramatisch war – sondern, weil er sich still und schmerzhaft tief in mein Herz eingebrannt hat.

Meine Mutter saß neben mir. Sie hielt meine Hand, so wie sie es immer getan hatte. Mein Vater konnte nicht da sein – er musste arbeiten. Ich verstand es irgendwie, aber es tat trotzdem weh. Als Kind wünscht man sich seine Eltern einfach bei sich, ganz, ohne Bedingungen. In dieser Situation aber war unsere Realität anders. Er konnte nicht einfach alles stehen und liegen lassen. Nicht, weil er nicht wollte – sondern weil er **musste**. Die Rechnungen warteten nicht. Die Sorgen auch nicht. Und die Welt drehte sich weiter, während unsere gerade stillstand.

Im Hintergrund lief ein türkisches Lied – „**Gamsız**" – es war eines dieser Lieder, die unter die Haut gehen. Es gab eine Stelle, die ich nie wieder vergessen werde. Übersetzt bedeutet sie:
„Was mache ich nur ohne dich? Wieso lässt du mich mit den Schmerzen alleine?"

In einem Moment tiefer Verzweiflung nahm ich das Telefon, rief meinen Vater an – und sang ihm genau diesen Abschnitt ins Telefon. Meine Stimme zitterte. Ich schluchzte. Die Worte kamen kaum über meine Lippen. Und

auf der anderen Seite der Leitung – Stille.
Dann ein Geräusch, das mir fast noch mehr
weh tat als die Tacker selbst: mein Vater
weinte. Er konnte sich die Tränen nicht
verkneifen. Ich spürte, wie sehr es ihn zerriss,
nicht da zu sein.

**Wie schwer muss es für einen Vater sein, in
einem solchen Moment „funktionieren" zu
müssen?**
Wie schwer, wenn du weißt, dass dein Kind
leidet – und du trotzdem bei der Arbeit stehen
musst, weil du eine Familie ernähren musst?
Weil du stark sein musst, obwohl du innerlich
zerbrichst?

Ich weinte.
Er weinte.
Mama weinte.
Und trotzdem wurde jeder einzelne der **72
Tacker** entfernt.

Ich war tapfer. Oder ich versuchte es
zumindest. Ich presste meine Lippen
zusammen, verkrampfte die Hände und
schaute zur Decke. Jeder Klick, jedes
metallische „Zack" hallte in meinem Kopf
nach.

Aber ich wusste: das war noch nicht das Ende.

Denn gleich danach stand der nächste Eingriff an – die **Hauttransplantation**.
Ein weiterer Schnitt.
Ein weiteres Stück Hoffnung.
Ein weiteres Kapitel in meinem langen Weg zurück ins Leben.

Die OP lief wie die anderen zuvor ab. Ich kannte die Abläufe inzwischen fast auswendig. Der Geruch des Krankenhauses klebte förmlich in meiner Nase – steril, kalt, fremd. Ich vermisste den Geruch vom Fußballplatz. Gras, Erde, Schweiß. Statt auf dem Spielfeld zu stehen, lag ich hier – reglos, verletzt, weit weg vom Leben, das ich eigentlich hätte führen sollen. Eigentlich wäre ich jetzt in der 3. Klasse gewesen.

Trotz allem: Ich spürte, dass ich nicht vergessen wurde. Immer wieder erreichten mich liebevolle Karten von meiner Klasse oder meinem Fußballverein. Sogar Geld wurde gesammelt. Geld verändert nichts an meiner Situation – das wusste ich damals schon. Aber heute weiß ich: Es hat meinen Eltern in einer schwierigen Zeit wenigstens ein wenig geholfen. Und genau deshalb bin ich meinem Jugendverein DSV 04 bis heute unendlich dankbar. Es war ein Zeichen von echter Verbundenheit.

Dann kam der Tag der OP. Ein weiteres Mal legte ich mich auf diese kalte Liege. Ein weiteres Mal dieses beklemmende Gefühl. Ich schloss die Augen – und überließ mich wieder dem Narkoseschlaf.

Kapitel 10 – Mein erster Krankenhausgeburtstag

Ich öffnete die Augen.

Mein ganzer Körper fühlte sich schwach an. Es war meine dritte Operation innerhalb kürzester Zeit – und ich war am Ende meiner Kräfte. Als ich auf die frische Wunde blickte, sah alles irgendwie merkwürdig aus. Jetzt hatte auch mein rechtes Bein seine erste Narbe. Das linke Bein hatte mittlerweile schon drei Eingriffe hinter sich.

Die Hauttransplantation war gut verlaufen. Mein Bein wurde nach der OP in Beugung gelagert, damit die Ferse in der Luft schwebt und keine Druckstellen entstehen. Doch das führte leider zu einem neuen Problem: Ich kam nicht mehr richtig in die Streckung. Schon wieder ein Rückschlag. Schon wieder ein Moment, der mich nicht nur körperlich, sondern auch seelisch zurückwarf.

Ich lag noch immer auf der K4-Station. Fast zwei Monate waren bereits vergangen – Tage, an denen das Leben draußen weiterlief, während für mich alles stillstand.

Die nächsten Wochen vergingen schneller als gedacht, und dann war er da: der 1. Juli 2004. Mein Geburtstag. Zum ersten Mal verbrachte ich ihn im Krankenhaus. Natürlich waren meine Blutwerte nicht gut genug, um nach Hause zu dürfen. Aber meine Eltern taten alles, um mir trotzdem einen schönen Tag zu machen.

Sie schenkten mir ein Moped. Kein echtes natürlich, sondern eines, mit dem ich auf der Station herumfahren durfte. Ich war überglücklich. Ich drehte zwei, drei Runden auf dem Flur und fühlte mich für einen Moment frei – fast so, als wäre ich draußen auf der Straße. Ich erinnere mich noch gut daran, wie wir einmal bei einem Arbeitskollegen meines Vaters eingeladen waren – Fernando. Dort hatte ich sein Moped gesehen und fand es unglaublich cool. Meine Eltern hatten sich das gemerkt – und diesen Wunsch wahr gemacht.

Ich wurde in dieser Zeit sehr verwöhnt. Aber ich glaube, sie wollten mir einfach ein Lächeln ins Gesicht zaubern – in einer Zeit, in der es eigentlich wenig Grund zum Lächeln gab.

Wenn ich heute zurückblicke, merke ich: Ich wusste kaum, was mein großer Bruder in dieser Zeit gemacht hat. Es kam mir einfach nie in den Sinn, zu fragen. Im Nachhinein wünsche ich mir, ich hätte öfter gefragt. Aber ich kann es mir nicht vorwerfen – ich war selbst noch ein Kind und kämpfte ums Überleben.

So seltsam es klingt: Die K4-Station wurde zu meiner Familie. Die Schwestern und Pfleger, die mich Tag für Tag unterstützten. Die Ärzte, die alles gaben, um mir zu helfen. Und die anderen Kinder, die genauso wie ich kämpften. Wir alle saßen im selben Boot – und das verband uns mehr, als Worte je sagen könnten.

Kapitel 11 – Spazierfahrt durchs Leben

Ich saß im Rollstuhl, als wir über das Krankenhausgelände fuhren – ein Spaziergang, der sich für mich wie eine kleine Reise in die Freiheit anfühlte.

Ich erinnere mich noch genau an diesen Moment: Ich schaute meinen Vater an und fragte ihn, wo Gott sei. Und warum all diese Kinder im Krankenhaus liegen mussten. Mein Vater war einen Moment lang sprachlos – vielleicht überfordert mit so einer großen Frage aus dem Mund seines kranken Sohnes. Schließlich antwortete er: „Es ist eine Prüfung."

Wir sind muslimisch aufgewachsen, aber mit dem Beten hatten wir es in unserer Familie eigentlich nie besonders ernst genommen. Doch in dieser Zeit sah ich meinen Vater oft still in der Ecke sitzen, betend, hoffend, verzweifelt. Es war wohl das Einzige, was er noch tun konnte. Alles andere lag nicht mehr in seinen Händen.

Mein Alltag auf Station war trotzdem irgendwie… normal. Ich spielte viel Gameboy und schaute „King of Queens" – ich habe diese Serie geliebt. Es war das Einzige, das mich zuverlässig zum Lachen brachte. Diese kleinen Momente bedeuteten alles.

Im Gesellschaftsraum trafen sich die Kinder, die gerade fit genug waren. Wir spielten Brettspiele, malten, bastelten. Manchmal war der Raum voll von Gelächter – manchmal auch still. Aber immer war da etwas Verbindendes. Ein Gefühl von „Wir sitzen alle im selben Boot".

Meinen Bruder sah ich nicht so oft. Aber wenn er kam, freute ich mich sehr. Bevor Besucher zu mir durften, mussten sie sich immer untersuchen lassen – Fieber messen, Hände desinfizieren. Es fühlte sich manchmal an wie ein Gefängnis, in dem man von der Außenwelt abgeschirmt war. Ein Ort, an dem man auf Besserung hoffte – Tag für Tag.

Aber wir waren auf einem guten Weg. Auch wenn mein Bein sich noch nicht richtig strecken ließ, war das Wichtigste geschafft: Der Krebs war weg. Und mit jedem Tag, den ich überstand, kehrte ein Stück Hoffnung zurück.

Kapitel 12 – Der kurze Moment der Normalität

Dann war es so weit: Ich wurde endlich entlassen.

Es war ein merkwürdiges Gefühl, plötzlich wieder „zu Hause" zu sein. Keine Schläuche mehr, keine Infusionen, keine ständigen Kontrollen. Der Geruch von Desinfektionsmittel war verschwunden, und mein Bett roch nicht mehr nach Krankenhaus, sondern nach mir. Es hätte sich wie Freiheit anfühlen sollen – aber es fühlte sich eher fremd an.

Der Alltag zog sich. Alles war ruhiger, aber auch leerer. Ich musste mich erst wieder daran gewöhnen, einfach nur ein Kind zu sein. Und doch: Es war schön, mit meiner Familie unter einem Dach zu leben, gemeinsam zu essen, Filme zu schauen, nicht ständig von fremden Menschen geweckt oder untersucht zu werden.

Nach kurzer Zeit wuchsen die ersten Haare wieder. Das war ein kleiner, aber wichtiger Sieg. Ich wurde in die 4. Klasse eingestuft – damit ich meiner alten Klasse erhalten bleibe. Ich war einfach froh, überhaupt wieder zur Schule zu gehören.

Ein besonderer Moment war, als ich meinen Fußballverein beim Spiel besuchte. Ich durfte die Mannschaftsbegrüßung machen. Ich war abgemagert, schwach, aber stolz. Für einen kurzen Moment fühlte ich mich wieder wie ein Teil der Welt draußen. Der Junge, der ich mal war – bevor der Krebs kam.

Doch all das konnte nicht über das hinwegtrösten, was mein Körper hinter sich hatte: mehrere Operationen, monatelange Chemotherapie, Krankenhausaufenthalte. Ich war gezeichnet – äußerlich und innerlich. Und ich hoffte, nun endlich zur Ruhe kommen zu können.

Aber die Ruhe währte nicht lange.

Bei einer Kontrolluntersuchung, einige Monate später, kam der nächste Schock: **Metastasen.**

Kapitel 13 – Die nächste Reise

Die Stimmung kippte schlagartig. Alles, was sich wie ein Lichtblick angefühlt hatte, wurde von einem neuen Schatten überdeckt. Die Untersuchungen begannen von vorn – Blutabnahmen, CTs, Gespräche mit ernsten Gesichtern. Dann die bittere Diagnose: **Metastasen**.

Metastasen – das bedeutete, dass sich Krebszellen vom ursprünglichen Tumor gelöst und an anderer Stelle im Körper festgesetzt hatten. In meinem Fall: in der Lunge. Ein schwerer Rückschlag, für mich, für meine Familie, für alle.

Es war ein Gefühl von Ohnmacht. Wir hatten doch schon so viel durchgemacht – und nun das.

Die Ärzte erklärten, dass Spezialisten in Hamburg auf solche Eingriffe spezialisiert seien. Also begann eine neue Reise. Nicht in einen Urlaub, nicht an einen Ort der Erholung, sondern erneut in ein Krankenhaus. Dieses Mal nach Hamburg. Mit dabei waren mein Vater und mein Onkel Çetin. Es hätte ein schöner Ausflug sein können – drei Jungs auf Tour. Aber die Realität war eine andere: Klinikflure, Angst, Narkose.

Wieder dieser Geruch. Krankenhausluft. Ich kannte ihn schon viel zu gut.

Die Metastasen sollten über einen Schnitt am Rücken entfernt werden – ein großer Eingriff. Es war wichtig, dass die OP gut verlief. Wieder einmal ging alles ganz schnell: Ein Medikament am Morgen, ein paar Minuten später das vertraute Gefühl von Müdigkeit. Die Augen wurden schwer, das Licht verschwamm. Und ein weiteres Mal schloss ich sie – mit der Hoffnung, sie wieder öffnen zu dürfen.

Kapitel 14 – Geborgenheit in der Fremde

Ich öffnete die Augen – und fühlte mich wieder elendig. Mein ganzer Körper war erschöpft. Noch eine Operation, die ich hinter mich bringen musste. Noch eine Narbe, noch ein Kampf, den mein Körper austragen musste. Und doch war da etwas, das mir Trost spendete: Mein Vater und mein Onkel Çetin waren bei mir. Ihre Stimmen, ihre Präsenz, ihre Blicke gaben mir das Gefühl von Sicherheit. Geborgenheit – inmitten all der Maschinen, Schläuche und weißen Wände.

Die Ärzte, Schwestern und Pfleger in Hamburg waren unglaublich freundlich. Es war ein ungewohntes Gefühl, sich so angenommen zu fühlen – als wäre man nicht nur ein weiterer Fall auf der Station, sondern ein Mensch, ein Kind mit Sorgen, Hoffnungen und Ängsten. Ich erinnere mich noch gut: In der Klinik lief das Champions-League-Finale 2005. AC Mailand gegen Liverpool. Mein Vater war Fußballfan, und ich sowieso. Für ein paar Stunden war ich nicht mehr „der Junge mit Krebs", sondern einfach ein Kind, das Fußball liebt. Liverpool drehte das Spiel – ein kleines Wunder. Irgendwie passte das zu dem, was ich innerlich fühlte: Hoffnung.

Und dann kam die Nachricht, die alles veränderte: Die Metastasen waren tot. Einfach tot. Man hatte sie entnommen, und es gab keine weiteren Komplikationen. Keine neuen Tumore, keine neuen Herde, keine neuen Pläne. Zum ersten Mal seit langer Zeit konnte ich tief durchatmen.

Ich spürte, wie sehr ich mich nach Normalität sehnte. Wie viel Kraft es mir gab, wenn etwas *einfach gut lief*. Kein Drama, keine Rückschläge – nur gute Nachrichten. Ich lag im Bett, sah meinen Vater an, sah das Lächeln in seinen müden Augen, und dachte: **Vielleicht… vielleicht wird es jetzt endlich besser.**

Dann kam die nächste große Überraschung.

Meine Eltern baten mich und meinen Bruder zu einem Gespräch. Es war eine anstrengende Zeit – für uns alle. Ich war körperlich und seelisch erschöpft, müde vom Kämpfen, müde vom Hoffen. Und gerade als ich dachte, dass nichts mehr heller werden könnte, kam eine Nachricht, die alles veränderte:

Meine Mutter war schwanger.

Ich sollte ein großer Bruder werden.

Für einen Moment stand die Welt still. Nicht vor Angst – sondern vor Staunen. Inmitten all der Dunkelheit war da plötzlich ein neuer Anfang. Ein kleines Licht, das durch alle Schatten hindurchschien. Mein kleiner Bruder war unterwegs – und er kam genau zur richtigen Zeit.

Diese Zeilen möchte ich ihm widmen. Meinem kleinen Bruder Emre.

Er war unser Lichtblick. Unser Hoffnungsschimmer. Unser Powerschub, wie aus einem Bilderbuch. Während ich kämpfte, brachte er unserer Familie etwas zurück, das wir fast verloren hatten: Lebensfreude. Wärme. Zukunft.

Ich habe mich so sehr auf ihn gefreut. Und wenn ich heute sehe, wie er sich entwickelt hat – welch starker, kluger, liebevoller Mensch er geworden ist –, erfüllt mich das mit tiefem Stolz. Für mich bleibt er ein kleiner Superheld. Nicht, weil er eine Krankheit besiegt hätte. Sondern weil er gekommen ist, als wir ihn am meisten brauchten.

Er hat unser Leben verändert – leise, sanft, aber kraftvoll.

Und dafür werde ich ihm immer dankbar sein.

Kapitel 15 – Zwischen Hoffnung und Rückschlag

Ich musste erst einmal im Rollstuhl bleiben. Die Wunde am Rücken war frisch, und ich durfte mich nicht aufrichten oder auf Krücken belasten. Der Weg nach Hause war deshalb nicht direkt nach Hause, sondern erst einmal zu meiner Tante Gülsüm. Mein Vater trug mich die Treppen hoch – so, wie er mich schon oft getragen hatte, wenn ich selbst nicht mehr konnte oder durfte.

Die ganze Familie hatte sich dort versammelt. Meine Cousins, meine Tanten, Onkel, Freunde der Familie – alle waren da, um mich zu sehen, um mich zu feiern. Denn wir hatten etwas zu feiern: Die Metastasen waren tot. Ein kleiner Sieg in einem riesigen Krieg. Ich erinnere mich an diesen Moment voller Liebe und Wärme. Alle lächelten. Es wurde gegessen, gelacht, geweint – alles gleichzeitig. Ein Augenblick, in dem wir für einen kurzen Moment vergessen konnten, was hinter uns lag.

Seltsam war nur, dass ich mich an vieles erst erinnern konnte, als mein Vater mir später davon erzählte. Als Kind war mein Kopf wie eine Festplatte, auf der man gezielt einzelne Dateien gelöscht hatte. Vielleicht war es Selbstschutz. Ich hatte so viel durchgemacht, dass mein Verstand manche Dinge einfach verdrängte.

Die nächsten Wochen vergingen ruhig. Wir schöpften neue Hoffnung, sprachen über Zukunft, über Schule, über „danach". Ich fühlte mich zum ersten Mal seit Langem nicht mehr wie ein Patient, sondern wie ein Kind. Ich konnte wieder lachen, ohne gleich ein schlechtes Gewissen zu haben. Ich durfte einfach *sein*.

Doch wie so oft kam das Leben anders. Die nächste Untersuchung brachte die bittere Wahrheit ans Licht: **Erneut Metastasen**. Wieder Lunge. Wieder Unsicherheit. Wieder Angst. Als hätten wir nie gefeiert. Als hätte es diesen einen, friedlichen Moment nie gegeben. Der Schmerz kam nicht nur körperlich zurück, sondern auch emotional – härter als zuvor.

Es war, als würde man einen Turm aus Hoffnung Stein für Stein aufbauen – nur damit er beim ersten Windstoß wieder in sich zusammenfällt.

Kapitel 16 – Der Kampf geht weiter

Dann fing alles wieder von vorne an. Untersuchungen, Blutabnahmen, Gespräche mit Ärzten – und ständige Telefonate mit der Klinik in Hamburg. Alles, was sich nach Normalität angefühlt hatte, wurde wieder weggeblasen wie Staub im Wind.

Ich durfte erneut nicht in die Schule, vom Fußballspielen ganz zu schweigen. Die Krücken waren längst zu einem Teil meines Körpers geworden. Dieses Mal war die Situation eine andere: Die Metastasen saßen an einer anderen Stelle. Man sagte, es könne ein „Überbleibsel" der ersten Metastasen sein. Vielleicht hatten sie sich schon vorher dort angesiedelt, unbemerkt, wie ein stiller Feind.

Diesmal wollte man mich an der Brust aufschneiden. Schon der Gedanke daran ließ mein Herz schneller schlagen – nicht nur vor Angst, sondern vor Erschöpfung. Mein Körper war müde. So müde. Ich hatte schon so viele Narkosen hinter mir, so viele Schnitte, so viele Narben. Wie lange sollte das noch gehen?

Und doch versuchten wir, Hoffnung zu bewahren. Wir sagten uns, dass es nur ein letzter Eingriff sein könnte. Vielleicht würde danach alles vorbei sein. Vielleicht würden wir dann durchatmen dürfen. Wir versuchten, uns an diesem „Vielleicht" festzuhalten, weil alles andere zu schwer gewesen wäre.

Ich hatte Angst. Tiefe, ehrliche Angst. Aber ich wollte nicht aufgeben. Ich wollte weiterkämpfen – für mich, für meine Familie, für all die Momente, die ich noch erleben wollte. Und vielleicht auch ein bisschen, um irgendwann einfach wieder ein Kind sein zu dürfen.

Kapitel 17 – Falscher Alarm

Dann kam der Tag der OP – und alles lief ab wie immer. Es war fast schon Routine geworden. Ich hätte wahrscheinlich mit neun Jahren eine Bachelorarbeit über Abläufe im Operationssaal schreiben können. So oft war ich schon dort gewesen. So viele Male hatte ich diesen sterilen Geruch eingeatmet, diese grellen Lichter gesehen, dieses mulmige Gefühl im Bauch gespürt, wenn das Bett durch die Gänge geschoben wurde.

Und doch: Jede OP war anders. Jede brachte eine neue Art von Angst mit sich. Ich wusste, was kam – und genau das machte es nicht leichter. Der Moment, wenn die Tür zum Operationsbereich aufgeht, hat einen ganz eigenen Klang. Metall auf Metall. Kalte Luft. Und der Geruch von Desinfektion, der dich sofort daran erinnert, wo du bist.

Der Weg zum OP-Saal fühlte sich wieder wie eine Ewigkeit an. Jeder Meter ein innerlicher Kampf. Ich lag da, bewegungslos, während das Bett über die Flure glitt. An der Decke zogen Neonlichter vorbei, eines nach dem anderen – wie die Sekunden, die mich von einem neuen Schmerz trennten. Und dann, wie

immer: Die Augen gingen zu – und
irgendwann wieder auf.

Ich lag im Bett. Und ich werde es nie
vergessen: Meine Brust brannte wie Feuer.
Der Schmerz war stechend, tief, unnachgiebig.
Dazu kamen drei Schläuche, die aus meinem
Körper ragten – einer am Bauchnabel, einer
links am Bauch und einer rechts. Ich konnte
kaum schlafen, jede Bewegung tat weh. Dieses
Gefühl, ausgeliefert zu sein, war kaum
auszuhalten.

Ich war erschöpft, innerlich leer, körperlich am
Limit. Mein Körper fühlte sich an wie ein Ort,
an dem Krieg geführt wurde – ein
Schlachtfeld, das kaum noch Platz für neue
Narben hatte. Und trotzdem war ich wieder
dort. Wieder verkabelt. Wieder voller
Hoffnung, dass es das letzte Mal war.

Dann kam die Nachricht. Die Ärzte betraten
das Zimmer, ernst – wie immer. Aber ihre
Worte klangen anders. Sie sagten, es sei
falscher Alarm gewesen. Die Metastasen
waren tot. Es waren lediglich Reste der ersten
OP – keine neuen Tumore.

Ich war sprachlos. Ich wusste nicht, ob ich
lachen oder weinen sollte. Alles in mir war ein
Wirbel aus Erleichterung und Erschöpfung.
Die Erleichterung in den Gesichtern meiner

Eltern werde ich nie vergessen. Meine Mutter legte ihre Hand auf meine und flüsterte: „Du hast es geschafft."

Auch ich war froh, wirklich froh. Und trotzdem hatte ich Angst. Angst, dass es nur ein kurzer Moment der Hoffnung war, bevor die nächste Hiobsbotschaft kam.

War das jetzt der Anfang von einem neuen Leben? Konnte ich jetzt wieder aufatmen? Ich wusste es nicht. Ich hatte mich an die Angst gewöhnt – sie war wie ein Schatten geworden, der mir folgte. Freude und Sorge gingen Hand in Hand.

Aber tief in mir war ein kleiner Funke Hoffnung. Und der war stärker als alles andere. Vielleicht würde dieser Funke eines Tages ein neues Feuer entfachen. Vielleicht war das hier wirklich der Anfang vom Ende eines langen Kampfes – und nicht nur eine weitere Pause dazwischen.

Kapitel 17 – Zurück ins Leben

Es war geschafft. Nach all den Operationen, den Krankenhausfluren, den Tränen und der Hoffnung, war ich wieder in Düsseldorf. Wieder zu Hause. Zum ersten Mal seit langer Zeit konnte ich den Geruch von Freiheit in meiner Nase wahrnehmen – nicht den von Desinfektionsmitteln, nicht den sterilen Duft einer Klinik, sondern den echten Duft des Lebens: frische Luft, Essen aus der eigenen Küche, das Parfüm meiner Mutter, das Rasierwasser meines Vaters.

Ich war gesund. Der Krebs war weg. Die Ärzte hatten es bestätigt, die Metastasen waren tot. Und doch war nicht alles wie früher.

Ich hatte immer noch meine Krücken, denn mein linkes Bein war durch die lange Schonzeit geschwächt, und ich konnte es nicht vollständig strecken. Trotzdem fühlte ich mich frei.

Die Zeit verging. Jahre, die geprägt waren von Physiotherapie, Schule und dem Versuch, ein normales Leben zu führen. Ich kam auf ein

Gymnasium – ein neuer Abschnitt, ein Neuanfang. Die Krücken begleiteten mich, aber ich ließ mich nie davon unterkriegen. Ich lachte, ich spielte, ich lebte. Und ich spielte sogar wieder Fußball – mit Krücken.

Oft hörte ich: „Wie bist du bitte so schnell auf Krücken?"
Ich grinste dann nur. Als hätte ich je etwas anderes gekannt.

Mit der Zeit wurde ich älter – mittlerweile war ich zwölf. Mein Leben fühlte sich trotz allem leicht an. Doch es gab ein neues Problem: Mein linkes Bein wuchs nicht mehr richtig mit. Der Tumor hatte das Wachstum gestoppt, während mein rechtes Bein ganz normal weiterwuchs. Der Unterschied war deutlich.

In München hätten die Ärzte das operieren können – eine Beinverlängerung. Doch ich hatte genug. Genug vom Krankenhaus, genug von Operationen, genug vom Schmerz.

Also entschied ich mich: Ich lasse es so. Ich werde mein Leben mit einem kürzeren Bein leben. Kein weiterer Eingriff. Ich wollte mein Leben zurück – nicht im OP-Saal, sondern draußen auf dem Fußballplatz, im Klassenzimmer, im Alltag.

Mit 13 ging ich zur Reha – in der Nähe des Schwarzwalds. Es war eine ganz besondere Zeit.

Die Rehaklinik war wie ein All-Inclusive-Hotel – mit einem Unterschied: Es wurde hart trainiert. Jeden Tag Übungen, Behandlungen, Trainingspläne. Und trotzdem war es schön. Ich lernte andere Jugendliche kennen, wir lachten, wir teilten Geschichten, und ich spürte: Ich bin nicht allein mit meinem Schicksal.

Am Ende der Reha stand das Ergebnis: Ich brauchte nur noch **eine** Krücke. Keine zwei mehr. Nur noch eine.

Meine Eltern waren überglücklich. Ich werde nie vergessen, wie meine Mutter mich mit feuchten Augen umarmte und sagte: „Du bist unser Wunder."

Und ich?
Ich war bereit für das Leben. Nicht perfekt. Nicht ohne Einschränkungen. Aber frei. Und stärker als je zuvor.

Kapitel 18 – Der neue Aufbruch

Es sind Jahre vergangen. Wir schreiben den 1. Juni 2023. Ich bin 28 Jahre alt – und in genau einem Monat werde ich 29.

Ich stehe kurz vor dem Abschluss meiner Ausbildung zum Verwaltungsfachangestellten bei der Stadt Düsseldorf. Ein Kapitel meines Lebens, auf das ich stolz bin. Ich habe durchgehalten, gearbeitet, gelernt – trotz allem. Trotz der Krücke, die mich bis heute begleitet. Sie war nie ein Hindernis. Sie war ein Teil von mir. Ein Symbol für das, was ich geschafft habe.

Ich habe viel gelacht, geliebt, gelebt. Mein Leben war – bei all den Narben – ein gutes. Und doch: Da war etwas, das gefehlt hat.

Fußball.

Lange hatte ich mich mit dem Gedanken abgefunden, dass dieser Traum ein abgeschlossenes Kapitel ist. Ein

Kindheitstraum, begraben unter OP-Berichten und Krankenhausaufenthalten.

Bis zu jener Nacht.

Ich träumte von München. Von einem Flur, von weißen Kacheln, von Stimmen, die mir bekannt vorkamen. Und als ich aufwachte, war da dieser Gedanke:
Warum nicht?

Noch am selben Tag buchte ich mein Zugticket – ohne meiner Familie etwas zu sagen. Ich wollte allein dorthin. Für mich.

In München angekommen, suchte ich Dr. Baumgart auf – jenen Arzt, der mir vor Jahren schon teilweise das Bein gerettet hatte. Die Praxis war an einem neuen Standort, aber er war derselbe geblieben: ruhig, kompetent, herzlich.

Unser Wiedersehen war voller Emotionen. Und als ich ihm mein Anliegen schilderte, sah ich dieses kleine, motivierende Lächeln auf seinen Lippen:
„Das kriegen wir hin."

Die Diagnose war eindeutig: Mein linkes Bein war mittlerweile fast **neun Zentimeter** kürzer als das rechte. Und es gab eine Möglichkeit – eine moderne Beinverlängerung.

Diesmal keine äußere Apparatur, keine Schrauben von außen.
Diesmal war es ein Hightech-System: Der Knochen wird gezielt gebrochen, und in ihn wird eine Prothese mit integriertem Sensor eingesetzt. Über ein Gerät, das man mit nach Hause bekommt, wird der Verlängerungsmechanismus dreimal täglich aktiviert – jeweils um ein Drittel Millimeter. Schmerzfrei. Kaum spürbar.

1 Millimeter pro Tag.
Knapp 3-4 Zentimeter in rund 90 Tagen.

Ich war fasziniert. Aufgeregt. Und gleichzeitig voller Angst.

Wieder eine OP? Wieder Krankenhaus?
Wieder das Risiko?
Ich hatte so lange Frieden mit meinem Körper geschlossen – wollte ich das alles noch einmal durchmachen?

Zurück zu Hause beichtete ich meiner Familie meinen Besuch in München.

Die Reaktionen waren gemischt. Einerseits: große Freude, Hoffnung, Stolz.
Andererseits: Angst. Schmerzvolle Erinnerungen wurden wach. Bilder von Krankenhausbetten, Tränen, schwachen Momenten.

Und trotzdem: Ich wusste, ich muss diesen Schritt gehen.

Wenn ich mir wirklich ein Leben **ohne Krücke** vorstellen wollte, dann war das meine Chance.

Tage vergingen. Wochen. Und dann stand er fest:
Der 26. Juni 2023.

Mein OP-Termin. Nur wenige Tage vor meinem Geburtstag.

Ein neues Kapitel begann. Nicht, weil ich unzufrieden mit meinem Leben war – sondern weil ich glaubte, dass es noch besser werden kann.

Ein letzter großer Eingriff – für einen Traum, den ich nie ganz loslassen konnte.

Kapitel 19 – Caglar

Diese Zeilen widme ich meinem großen Bruder. Er war in diesem Moment nicht nur mein Bruder – er war mein Anker, mein Mitstreiter, mein stiller Held.

„Caglar" – so heißt dieses Kapitel. Und dieser Name verdient es, nicht nur genannt, sondern getragen zu werden.

Es standen mehrere Operationen an. Drei, vielleicht sogar vier Eingriffe, um das Bein auf die Länge zu bringen, die ich mir erträumt hatte. Die Planung war komplex: Zuerst sollte der Oberschenkel verlängert werden, später der Unterschenkel. Schritt für Schritt – Millimeter für Millimeter – Richtung Gleichgewicht.

Caglar war mittlerweile 31 Jahre alt. Er führte ein gutes Leben: Fußball, Arbeit, ein starker Freundeskreis. Er hatte sich nie beschwert, nie laut geklagt – und doch wusste ich, dass die Zeit meiner Krankheit auch seine Kindheit geprägt hatte.

Als ich ihm von meiner Entscheidung erzählte, war er sofort da. Keine große Diskussion. Kein

„bist du sicher?" – nur Unterstützung. Er buchte mit mir gemeinsam ein Hotel in München.

Was mich tief bewegt hat: Er regelte alles mit der Arbeit so, dass er offiziell im Homeoffice war – doch in Wahrheit war er einfach **bei mir**. Ganz da. Still. Präsenz ohne Pathos.

Die Fahrt nach München dauerte rund acht Stunden. Eine lange Reise – nicht nur geografisch, sondern auch emotional.

Im Nachhinein wird mir klar, wie sehr er sich Mühe gab, mir die Angst zu nehmen. Ich bin eigentlich niemand, der leicht Angst hat. Nicht nach dem, was ich mit acht Jahren durchgestanden habe. Nicht nach Chemo, Biopsien, Infusionen, Metastasen.

Aber dieses Mal war es anders.
Ich hatte Angst.

Angst vor der Operation.
Angst vor dem Krankenhausgeruch.
Angst davor, erneut in einem weißen Zimmer aufzuwachen – verletzt, schwach, allein.

Und dann war er da – Caglar.
Er, der in meiner Kindheit eher im Hintergrund stand, war nun an vorderster Front.

Am Abend vor der OP saßen wir noch
zusammen. München zeigte sich von seiner
schönsten Seite: blauer Himmel, milde Luft.
Wir setzten uns in ein kleines Café, tranken
Kaffee, rauchten eine Wasserpfeife – wie zwei
Brüder, die nichts zu verlieren haben.

Er lachte viel. Machte Witze. Lenkte mich ab.
Ich glaube, er wusste genau, was er tat. Er war
genau die Person, die ich in diesem Moment
gebraucht habe.

Vielleicht war das auch **sein** Kampf. Vielleicht
war es seine späte Art, Teil der Geschichte zu
sein, die früher fast ausschließlich mir gehörte.
Als Kind konnte er nur zusehen. Diesmal
konnte er handeln.

Ob es ihn mehr gekostet hat, als er gezeigt hat?
Wahrscheinlich.
Vielleicht habe ich unterschätzt, was diese
Situation mit ihm macht.

Ich habe lange darüber nachgedacht, ob es
richtig war, ihn an meiner Seite zu haben –
und meine Eltern nicht. Doch ich wusste, ich
konnte sie nicht noch einmal durch ein
Krankenhaus schicken. Nicht noch einmal
Tränen, Nächte im Wartezimmer, dieser stille
Schmerz.

Meine Entscheidung war nicht gegen sie. Sie war **für sie**.
Und für meinen Bruder – der vielleicht mehr aushielt, als ich je sehen konnte.

Dann war er da – **der Tag der Operation**.
Ich spürte, wie sich alles in mir zusammenzog.
Mein Körper erinnerte sich. Die Schritte. Die Gerüche. Das Licht auf dem Flur.

Aber dieses Mal war etwas anders:
Ich war nicht acht Jahre alt.
Ich war nicht allein.

Caglar war da.
Und das bedeutete alles.

Kapitel 20 – Und es ging wieder los

Und dann war es so weit. Es ging wieder los.

Ich wurde abgeholt und fuhr Richtung OP-Saal.
Der Weg dorthin war kurz – aber in meinem Kopf dauerte er ewig.
Mit jedem Meter, den das Bett rollte, zog sich mein Magen fester zusammen.

Ich hatte Angst. Große Angst.
Eine Angst, die ich längst vergessen hatte.

Trotzdem versuchte ich, mich zu fangen. Ich scherzte mit den Pflegerinnen, grinste mit aufgesetzter Leichtigkeit – ein letztes Aufbäumen gegen das, was vor mir lag. Die Schwestern spielten mit. Ein paar lockere Sprüche, ein bisschen Lachen, ein kleines Stück Normalität. Und ja – es half.

Tief in mir hatte ich mir etwas geschworen:
Dieses Mal werde ich nicht so leicht gehen.
Nicht kampflos. Nicht einfach so.

Ich hatte so oft erlebt, wie die Narkose kommt wie ein Dieb in der Nacht –

zwei, drei Atemzüge, und man verliert die
Kontrolle.
Und genau das hasste ich.

Also wollte ich kämpfen. Ich spannte innerlich
jeden Muskel an, fokussierte mich, wollte der
Narkose die Stirn bieten.

Dann kam die Maske.
Sie wurde mir sanft über das Gesicht gelegt.

Ein Atemzug.
Zwei.
Drei.
Vier.

Weg.

Die Augen gingen zu.
Und irgendwann – gingen sie wieder auf.

Ich lag in einem Zimmer mit zwei weiteren
Patienten.

Der Schmerz kam wie ein alter Bekannter
zurück – intensiv, vertraut, brutal.
Mein Bein brannte. Es war dick bandagiert.
Schläuche ragten wieder aus mir heraus, als
wäre die Zeit um zwanzig Jahre zurückgedreht
worden.

Ich musste erst mal klarkommen. Auf den
Moment. Auf das neue Alte.

Mein Bruder war an meiner Seite. Immer noch.
Später erzählte er mir, dass ich im Dämmerzustand zu ihm sagte:
„Wieso weinst du?"

Ich kann mich daran nicht erinnern – aber allein, dass ich es gesagt habe, zeigt mir: Ich habe gespürt, wie sehr er bei mir war.

Die OP war gut verlaufen.
Dr. Baumgart kam am nächsten Tag und erklärte mir ruhig und geduldig das System.

Er zeigte mir das Verlängerungsgerät – dieses kleine Gerät, das man auf die Haut legt, direkt über dem implantierten Sensor. Drei Mal am Tag. Ein Piepen. Eine Millimeterverlängerung.

1 mm am Tag.

Ich lernte schnell. Ich wollte, dass es funktioniert. Ich wollte vorankommen.

Die Schläuche wurden bald gezogen.

Und nach nur vier Tagen im Krankenhaus war es so weit: Ich durfte gehen.

Es war der 1. Juli 2023.
Mein Geburtstag.

Ich wurde **29 Jahre alt**.

Caglar fuhr mich zu meiner Tante. Und als wir die Tür öffneten, war es wie eine Zeitreise.

Wieder stand die Familie da.
Wieder Überraschung.
Wieder Lachen.
Wieder Tränen.

Sie hatten sich versammelt, um **mich** zu feiern – nicht nur meinen Geburtstag, sondern auch meinen Mut.

Es war ein wunderschöner Tag.
Ein Tag, der mir so gut getan hat, wie es kein Medikament je könnte.

Ich war erschöpft. Und gleichzeitig voller Hoffnung.
Ich wusste, es würde nicht leicht werden – aber ich hatte den ersten Schritt gemacht.

Und ich war nicht allein.

Kapitel 21 – Allein

Die Beinverlängerung lief gut.
Ich konnte wieder arbeiten gehen – ein
Meilenstein, den ich kaum in Worte fassen
kann.

Es war ein seltsames Gefühl, zu wissen, dass
in meinem Körper etwas geschah, das man mit
bloßem Auge nicht sehen konnte. Dass da
neuer Knochen wuchs – langsam, Millimeter
für Millimeter. Als würde mein Körper mir ein
zweites Mal die Chance geben, „ganz" zu
werden.

Alle zwei Wochen reiste ich nach München
zur Kontrolle.
Die Termine verliefen reibungslos. Dr.
Baumgart war jedes Mal zufrieden. Das Bein
machte sich gut, der Heilungsverlauf war
nahezu ideal.

Und dann kam der September – ein Monat, der
für mich alles veränderte.

Am **26.09.2023** hatte ich meine Nachprüfung
zur Ausbildung.
Zwei Tage später, am **28.09.2023**, war der
nächste OP-Termin in München angesetzt.

Ich setzte mich mit der Stadt Düsseldorf in Verbindung – schilderte meine Situation, bat darum, die Prüfung vormittags machen zu dürfen, damit ich im Anschluss direkt nach München reisen konnte.

Und sie zeigten Verständnis.
Mehr als das.
Sie waren zuvorkommend, menschlich, unterstützend.
Dafür bin ich der Stadtverwaltung bis heute dankbar.

Dann ging alles ganz schnell.

Ich bestand die Nachprüfung.
Ich war nun offiziell
Verwaltungsfachangestellter.

Ein langer Weg fand sein Ende – und ein neuer begann.

Direkt nach der Prüfung nahm ich den Zug nach München.

Aber diesmal war etwas anders.
Ich war allein.

Ich hatte bewusst entschieden, niemanden mitzunehmen.

Die letzte OP hatte meinen Bruder stark mitgenommen – auch wenn er es nicht offen

zeigte, hatte ich es gespürt.
Diese stille Erschöpfung. Diese Sorge, die sich in seinen Blick gelegt hatte.

Ich wollte das nicht noch einmal.
Nicht für ihn.
Nicht für meine Eltern.

Ich war **29 Jahre alt**. Kein Kind mehr.

Ich musste mir selbst beweisen, dass ich diesen Weg auch **allein** gehen kann.

Dass ich stark genug war.
Dass ich unabhängig war.
Und – vielleicht das Wichtigste – dass ich meiner Familie diesmal den Schmerz ersparen konnte.

Natürlich war die Angst wieder da.
Sie kam leise, setzte sich in meine Gedanken, genau wie früher.

Aber diesmal war da auch etwas anderes:
Entschlossenheit.
Ein brennender Wille, stärker denn je.

Ich nahm mir ein Hotelzimmer. Ging abends früh schlafen.
Ich bereitete mich innerlich vor. Keine großen Gespräche. Kein Abschied. Keine Tränen.

Nur ich.
Und das Ziel.

Am nächsten Morgen war es soweit.

Der vertraute Weg.
Die weißen Wände.
Das Anästhesie-Team.
Die Maske.

Die Augen gingen zu.

Kapitel 22 – Rückfahrt ins Jetzt

Ich öffnete die Augen. Alles war verschwommen, benebelt, doch mein erster Gedanke war klar: Ich muss meine Eltern anrufen.

Noch halb im Dämmerschlaf griff ich zum Telefon. „Alles gut", murmelte ich, „die OP ist vorbei, macht euch keine Sorgen." Es war kein geplanter, heldenhafter Moment – eher ein Reflex. Ich wollte ihnen die Angst nehmen. Dabei war ich selbst noch weit davon entfernt, wirklich angekommen zu sein.

Mein Bein brannte. Nicht so heftig wie früher – aber deutlich spürbar. Die Schmerzen waren da, aber sie waren erträglich. Ich war müde, aber nicht verzweifelt. Die Schwestern waren freundlich, aufmerksam, herzlich. Ich fühlte mich gut aufgehoben – in Sicherheit.

Am nächsten Tag kam Dr. Baumgart zu mir ans Bett. Er lächelte leicht und sagte, dass alles gut verlaufen sei. Die Worte gaben mir einen Moment lang Frieden. Ich durfte zurück nach Hause.

Doch ich hatte eine Idee – oder vielleicht einen kleinen Trotzmoment: Ich wollte allein fahren. Mit dem Zug. Ich wollte mir selbst beweisen, dass ich wieder Kontrolle über mein Leben habe.

Es war ein verschneiter Tag in München. So viel Schnee, dass sogar das Bundesligaspiel des FC Bayern abgesagt wurde – und das passiert nicht oft. Ich saß im Zug zurück nach Düsseldorf. Müde, aber wach. Still, aber wachsam. Irgendetwas in mir hatte sich verändert.

Und während der Zug fuhr, kam ich nicht nur geografisch zurück – sondern auch **zeitlich**. Zurück in die Gegenwart.

Meine letzte Operation liegt jetzt etwa anderthalb Jahre zurück. In dieser Zeit habe ich nachgelassen. Ich bin nicht mehr nach München gereist. Ich habe mein Bein, meine Therapie – und damit auch mich selbst – ein Stück weit vernachlässigt.

Aber genau deshalb schreibe ich das hier.

DU, der das jetzt gerade liest – das war mein Weg bis hierher.
Das war mein Bein. Mein Kampf. Meine Geschichte.

Aber jetzt ist es Zeit, dass ich dir **von heute**
erzähle. Wer ich heute bin. Was mich heute
bewegt.

Denn meine Geschichte ist nicht vorbei. Sie
beginnt gerade erst neu.

Kapitel 23 – Volkan Mollaahmetoglu

8 Operationen, 12 Narben, unzählige Chemotherapien und eine Apotheke voll Medikamente.
Das alles habe ich hinter mir. Ich habe es überlebt. Ich habe es durchgestanden. Und manchmal frage ich mich selbst: **Wie eigentlich?**

Wenn ich heute auf meinen Körper blicke, sehe ich mehr als nur Narben – ich sehe Kapitel meines Lebens. Jede Narbe erzählt ihre eigene Geschichte. Eine von Schmerz. Eine von Hoffnung. Eine von Kampfgeist. Zusammen ergeben sie das Buch meines Lebens. Und ja: Ich bin bereit für weitere Kapitel. Ich bin bereit für weitere Operationen. Weitere Narben. Weil ich weiß, **wofür** ich das alles tue.

Während ich dieses Buch geschrieben habe – Seite für Seite, Rückblick für Rückblick – wurde mir eine Sache schmerzlich bewusst: **Ich will diese Krücke endlich loswerden.** Nicht, weil ich mich für sie schäme. Sie war mein Begleiter, meine Unterstützung, manchmal sogar mein Schutzschild. Aber ich bin jetzt soweit, dass ich wieder **frei gehen möchte**. Ohne Hilfe. Ohne Hilfsmittel. Und ich weiß, dass ich es schaffen kann.

Ich sehe dieses Buch nicht nur als Verarbeitung meiner Geschichte – sondern als eine **Botschaft an alle**, die gerade kämpfen. Vielleicht hast du ein verkürztes Bein. Vielleicht kämpfst du gegen den Krebs. Vielleicht fühlst du dich gerade einfach schwach. Wenn **auch nur ein einziger Mensch** durch meine Zeilen Mut schöpfen konnte – dann hat sich all das hier schon gelohnt. Jeder Moment des Schreibens. Jede Träne. Jede Erinnerung, die ich mühsam wieder hervorgeholt habe.

Die Krankheit hat mich verändert. Aber sie hat mich nicht zerstört.
Ich bin heute nicht „trotz" dieser Zeit der, der ich bin – **ich bin es genau deshalb**. Ich habe gelitten, aber ich habe auch geliebt. Ich habe geweint, aber auch gelacht. Ich habe Menschen verloren, aber auch wundervolle Menschen an meiner Seite behalten – oder neu gewonnen.

Und genau diesen Menschen möchte ich danken.

Ich habe Freunde, auf die ich mich **bedingungslos verlassen** kann. Die mich nie haben fallen lassen – selbst dann nicht, als ich selbst kaum noch Kraft hatte, mich zu halten. Einer von ihnen ist **Ensar**. Mein Freund. Mein Bruder. Mein Fels. Du warst nicht nur da – du **bist** da. Und dafür fehlen mir oft die Worte. Deshalb schreibe ich sie dir hier – öffentlich, schwarz auf weiß.

Meine Mutter nannte einen Arzt auf der K4-Station immer „**den Engel**", weil er mit so viel Herzenswärme und Geduld für mich da war. Und ehrlich: Ich verstehe heute, was sie meinte.
Ensar, du bist für mich wie ein Engel im Körper eines Menschen. Du hast mich getragen, ohne dass ich darum bitten musste. Du hast mir Kraft gegeben, ohne viele Worte. Deine Präsenz war oft alles, was ich gebraucht habe.

Diese Zeilen der Liebe gehören dir.

Danke, dass du da bist. Danke, dass du geblieben bist.
Und danke, dass du mich erinnerst: Ich bin nicht allein.

Mittlerweile haben wir den 24. Mai 2025. Ich arbeite bei der Stadt, und nächsten Monat werde ich 31 Jahre alt. Das Buch zu schreiben hat mich viel Überwindung gekostet. Es war nicht leicht, wieder in die Vergangenheit einzutauchen und alte Wunden aufzureißen. Und doch: All das gehört zu mir. Es hat mich geformt, geprägt, wachsen lassen.

Ich wäre niemals der Volkan, der ich heute bin, wenn ich das alles nicht erlebt hätte.

Ich habe mir fest vorgenommen, mein Buch zu veröffentlichen – und das Thema Beinverlängerung auf Social Media groß zu machen. Wenn du mich über Social Media gefunden hast und genau deshalb dieses Buch gekauft hast: **Danke.** Danke, dass du ein Teil dieses Weges bist. Danke, dass du dich für meine Geschichte interessierst.

Es ist ein Kampf, der seit 22 Jahren andauert. Schritt für Schritt nähere ich mich dem Ziel. Und du bist ein Teil davon – allein schon dadurch, dass du diese Zeilen liest.

Ich weiß jetzt schon, welches Potenzial in dieser Geschichte steckt. Auch wenn ich mit Social Media noch nicht so richtig begonnen habe, spüre ich: Es wird etwas Großes. Nicht,

weil ich groß bin – sondern weil der Weg groß
ist. Und weil viele Menschen da draußen
vielleicht genau das brauchen: Hoffnung.
Ehrlichkeit. Mut.

Egal, was du durchgemacht hast – ich wünsche
dir von Herzen, dass du dein Leben so leben
kannst, wie du es dir wünschst. Es ist nie zu
spät, neu zu beginnen. Es ist nie zu spät, sich
selbst wiederzufinden.

Ich möchte präsent sein. Sichtbar. Ich möchte
meine Beinverlängerung dokumentieren –
nicht nur als medizinisches Projekt, sondern
als **Weg zurück ins Leben**. Es ist mehr als nur
ein Eingriff. Es ist ein Aufbruch.

Das war meine Geschichte. Und sie ist noch
nicht zu Ende geschrieben.
Ich freue mich mit dir gemeinsam, Schritt für
Schritt, zum Ziel zu gelangen.

Nachwort

Ich möchte dieses Buch mit einem letzten, tief empfundenen Dank beenden. Es ist eine Biografie über mich, ja – aber gleichzeitig ist es auch eine Geschichte über Menschen, die mich geprägt, begleitet und getragen haben. Menschen, die selbst gelitten haben, während ich kämpfte. Menschen, die nicht auf der Titelseite stehen, aber ohne die dieses Buch nie existiert hätte.

Diese Zeit – meine Kindheit mit Krebs, die vielen Operationen, das Hoffen und Bangen – war zweifellos die schwerste meines Lebens. Aber sie war nicht nur meine. Sie hat auch viele andere berührt. Sie hat Wunden hinterlassen, die nicht nur auf meiner Haut zu sehen sind, sondern auch in den Herzen derer, die mit mir gelitten haben.

In diesem Kampf habe ich viel verloren. Aber auch so unendlich viel gewonnen.

Ich habe meinen geliebten Onkel Metin und meinen Opa Ali an den Krebs verloren. Mögen ihre Seelen in Frieden ruhen. Ihr Tod erinnert mich daran, dass nicht jeder Kampf gut ausgeht – und dass der Krebs nicht nur Spuren, sondern auch Leere hinterlassen kann. Diese Zeilen schreibe ich auch für euch.

Mein größter Dank gilt meiner Mutter – meiner Superheldin. Sie hat mich durch jede Chemotherapie getragen, hat mit mir geweint, mit mir gehofft, mit mir gekämpft. Sie war da, wenn ich nicht mehr wollte, hat mich aufgerichtet, auch wenn ich gefallen bin. Sie hat mich zu dem gemacht, was ich heute bin.

Mein Vater war mein Superheld. Vollzeitjob, Verantwortung – und trotzdem jede Nacht im

Krankenhaus. Ich erinnere mich, wie ich ihn nachts anrief, und obwohl er längst zu Hause war, kam er zurück. Manchmal zwei- oder dreimal. Nur, damit ich einschlafen konnte. Papa – danke, dass du mein Vater bist. Danke, dass ich dein Herz geerbt habe.

Danke an meinen großen Bruder, der in dunklen Momenten immer ein Licht war. Besonders während der Beinverlängerung – ich war am Ende meiner Kräfte, und du hast mich mit deinen Worten genau da getroffen, wo ich es gebraucht habe. Ohne dich hätte ich es nicht durchgestanden.

An meinen kleinen Bruder: Es tut mir leid, wenn ich manchmal zu viel Angst hatte, zu streng war oder zu abwesend. Ich bin froh, dass du all das nicht mitmachen musstest – und trotzdem ein Teil dieser Geschichte bist. Du bist mein Stolz.

Ich danke meinen Tanten Gülsüm,
Birgül, Semi und Arzu – ihr wart
immer da, habt mit meinen Eltern
getragen, was sie allein nicht tragen
konnten. Ihr wart ihre Schultern.
Und damit auch meine Stütze.

Danke an meinen Onkel Çetin, für
die unvergessliche Reise nach
Hamburg und deine klare,
beruhigende Art – besonders bei
medizinischen Fragen. Du warst
immer ein Ratgeber, ein Halt.

Meine Cousins und Cousinen –
Timuçin, Melisa, Meral, Meray,
Tolga,Yasi,Deniz, Mert und Buket –
ihr wart meine Kindheit. Wir sind
zusammen groß geworden, haben
zusammen gelacht, gespielt, geweint.
Und jetzt sehe ich, was aus euch
geworden ist – und ich bin einfach
stolz. Schön, dass es euch gibt.

Und ein lieber Gruß an meinen
Schwager Güven – du bist zwar

später dazugekommen, aber längst
ein fester Teil unserer Familie.

Ich hoffe, ich habe niemanden
vergessen. Wenn doch: Bitte nimm es
mir nicht übel. Jeder, der mich liebt,
der mit mir gekämpft hat, der an
meiner Seite war oder noch ist – du
bist Teil dieser Geschichte. Du bist
Teil von mir.

Ich danke euch allen. Von Herzen.
Möge Gott euch segnen und
beschützen.